GUÍA DE LECTURA

Escrita por Scéona Poroli-Duwez
Traducida por Laura Bernal Martín

La jugadora de go

de Shan Sa

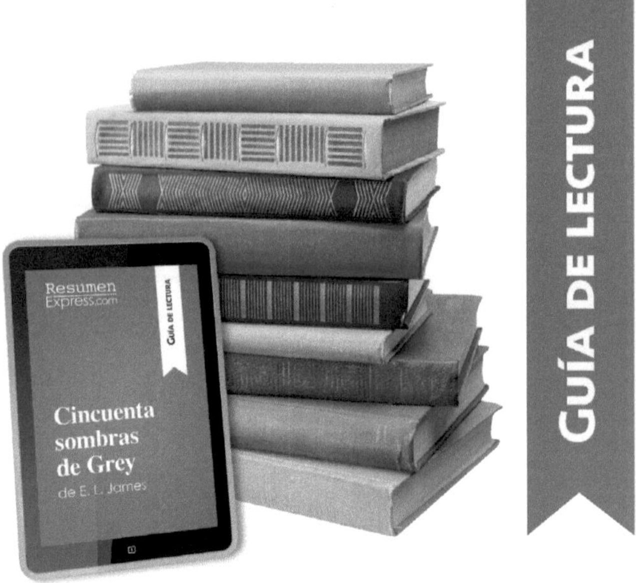

Entiende fácilmente la literatura con

ResumenExpress.com

www.resumenexpress.com

SHAN SA

ESCRITORA Y POETA CHINA

- **Nacida en 1972 en Pekín (China)**
- **Algunas de sus obras:**
  - *Las cuatro vidas del sauce* (1999), novela
  - *La jugadora de go* (2001), novela
  - *Emperatriz* (2003), novela

Shan Sa (pseudónimo que significa «susurro del viento en la montaña») nació en Pekín en 1972. En 1990, después de los incidentes en la plaza Tiananmén, decide abandonar China y trasladarse a París, afirmando que quiere renacer en Francia. Instalada en la capital y gracias a una beca del gobierno francés, aprueba el «baccalauréat» (el bachillerato francés) e inicia sus estudios en filosofía.

Su trayectoria poética y narrativa está colmada de éxitos: en 1984, con 12 años, recibió en China el primer premio del concurso nacional de poesía infantil; en 1997 publicó en Francia su primera novela, *La puerta de la paz celeste* y ganó el Premio Goncourt de Primera Novela.

La jugadora de go (2001) obtuvo el Premio Goncourt de los Estudiantes y convirtió a Shan Sa en una figura imprescindible de la literatura francesa.

LA JUGADORA DE GO

EL CHOQUE ENTRE CULTURAS

- **Género:** novela
- **Edición de referencia:** Shan, Sa. 2003. *La jugadora de go.* Traducción de Manuel Serrat Crespo. Barcelona: Editorial Planeta
- **Primera edición:** 2001
- **Temáticas:** guerra, muerte, amor, aprendizaje, China, juego, revuelta

La jugadora de go fue publicada en 2001 y cosechó un innegable éxito: con más de 100 000 ejemplares vendidos, el libro ganó el Premio Goncourt de los Estudiantes en 2001 y fue alabado por la crítica.

La novela narra el encuentro de dos personajes totalmente opuestos. Por un lado, una joven china de 16 años, libre y orgullosa; por otro lado, un soldado japonés, decidido a defender su patria y su honor. La historia se desarrolla en el marco de la guerra sino-japonesa de 1937. Alrededor del juego de go, el lector asiste al inevitable choque de dos culturas y al nacimiento de un amor condenado al fracaso.

RESUMEN

REVUELTA

La historia tiene lugar en Manchuria (noroeste de China), en el corazón de la guerra sino-japonesa de 1937. Canto Nocturno, una joven china, excelente jugadora de go y «la única mujer admitida en el cerrado círculo de los aficionados» (Shan 2003, 11), logra su victoria número cien en la plaza de Los Mil Vientos. Enojada por el deseo de su primo Lu de casarse con ella, decide jugarse el matrimonio al go. Tras derrotar a Lu, este regresa a Pekín.

¿Sabía que...?

En 1937, seis años después de haber invadido Manchuria, el ejército imperial japonés toma la parte oriental de China siguiendo una política de expansión territorial. De 1937 a 1945, la segunda guerra sino-japonesa, especialmente mortífera, verá cómo el imperio japonés supera a las tropas chinas, sobre todo en Nankin, capital de la república china.

Rápidamente, sin embargo, las potencias extranjeras intervienen en el conflicto y, en 1945, Japón, aliado con la URSS, es derrotado por China, que recibe apoyo de Estados Unidos. Al final de la guerra, se estima que 1 100 000 japoneses perdieron la vida, frente a los 3 000 000 de soldados y nueve millones de civiles chinos.

En Año Nuevo, la jugadora de go entabla amistad con Huong, una compañera de clase. Esta última le confiesa sus desgracias a Canto Nocturno, que le cuenta la indignación que siente por el destino de las mujeres que la rodean: por Huong, que se prepara para un matrimonio forzado por su padre, pero también por su hermana, infelizmente casada con un hombre infiel, y por su madre, esclava de su padre.

Cuando estalla la revuelta de la Unión de resistentes y el alcalde es asesinado, la jugadora de go, arrastrada por la multitud, es puesta a salvo por dos estudiantes revolucionarios: Jing y Min. Tras este incidente, los japoneses vuelven a hacerse con el control de la ciudad, y Canto Nocturno se da cuenta de que se cruza con Min todos los días.

PROBLEMAS

Se forma un triángulo amoroso: Min y la joven se besan durante un paseo, pero Jing y ella se atraen cuando se ven. Min y Canto Nocturno acaban siendo amantes. Celoso, Jing no esconde su ira y la jugadora de go disfruta con ello. Min le dice que quiere casarse con ella, pero ella le ridiculiza.

En el mismo momento, un joven soldado japonés le anuncia a su madre que se va a Manchuria: para Japón, la conquista de China se ha convertido en una necesidad. Lleno de odio hacia los terroristas chinos, el soldado rechaza, sin embargo, ceder a la violencia y a la locura asesina que poco a poco se apodera de los japoneses. Su guarnición militar gana una batalla tras el suicidio colectivo de sus enemigos chinos: «Los japoneses habían elegido ser gloriosos en la acción y los chinos, en la muerte» (Shan 2009, 14).

Los soldados llegan con alivio a Ha Rebin, una gran ciudad que les libra del aislamiento. El soldado conoce a una prostituta, Masayo. Rememorando su relación con una geisha llamada Luz, cuenta su fracaso durante el mizuage (ceremonia durante la que se le corta el pelo a una aprendiz de geisha y se vende su virginidad al mejor postor) de la joven. Impresionado ante el sufrimiento de esta última, no la pudo desvirgar. Los japoneses abandonan Ha Rebin y van a la ciudad de los Mil Vientos.

ELEGIR Y RENUNCIAR

Canto Nocturno conoce al soldado japonés en la plaza de los Mil Vientos, entorno a una partida de go. Durante la partida, el soldado observa a la joven y la intenta comprender, algo que resulta difícil («Es más fácil para mis camaradas sobrevolar China que para mí penetrar en el pensamiento de la jugadora de go» Shan 2009, 64). La partida, inacabada, continuará el día siguiente.

Entre tanto, la joven conoce a Tang, estudiante y amiga de Min y de Jing. En cuanto aparecen las primeras señales de tensión entre Min y la jugadora de go, Min le confiesa que Jing está enamorado de ella y le pide que elija a uno de los dos. La joven se niega: «Eligiendo al uno, renuncio al otro y los pierdo a los dos» (Shan 2009, 49).

Un poco más tarde, el soldado forma parte de una ofensiva contra la Unión de los revolucionarios: Min, Jing y Tang son detenidos. Se ve forzado a asistir al violento interrogatorio de una joven, que resultará ser Tang, y no puede soportarlo. Los revolucionarios –a excepción de Jing, que ha traicionado a sus compañeros– son condenados a muerte y la jugadora de go asiste, impotente, a la sentencia de Min, que sabía que estaba enamorado de Tang.

La joven le confiesa a su amiga Huong que está embarazada de él y le dice que desea morir. Huong le recomienda que aborte y para lograrlo le aconseja una poción.

Aunque el soldado japonés está cada vez más obsesionado por la joven jugadora, el capitán Nakamura le advierte sobre el amor entre un japonés y una china: solo puede acabar en tragedia.

TRAICIONAR Y MORIR

El soldado y la joven se encuentran de nuevo para acabar la partida inacabada: ella le pide que le acompañe a la colina de las Siete Ruinas y que la proteja. Él acepta y logra su misión.

La jugadora de go se encuentra con Jing, que le confiesa que ha traicionado a sus compañeros. También le dice que Min se ha casado con Tang en la cárcel, y le propone huir a Pekín con él. La joven intenta arrastrar con ellos a Huong. El soldado y Canto Nocturno se ven por última vez en torno al juego de go. Ella le pide que la ayude para ir a Pekín, pero él se niega.

Jing y la jugadora se dan a la fuga en el momento álgido de la guerra. Sin embargo, cuando la joven se da cuenta de que quiere al soldado japonés, abandona a Jing para regresar a Manchuria y continuar la partida de go. Por el camino es capturada por soldados japoneses, entre los que se encuentra su compañero de partida. Él elige el camino del amor

(«Por usted, renuncio a esta guerra, traiciono a mi patria»,
Shan 2009, 42) y la mata antes de matarse a sí mismo.

ESTUDIO DE LOS PERSONAJES

CANTO NOCTURNO, LA JUGADORA DE GO

La jugadora de go es una joven de 16 años. Estudiante en una pequeña ciudad de Manchuria, Mil Vientos, vive con sus padres y con su hermana mayor, Perla de Luna. Sus padres forman parte de una familia rica originaria de Pekín. Sin embargo, decidieron marcharse a Inglaterra, donde nació la joven, para después volver a China.

Es una joven melancólica y rebelde que se siente muy preocupada por la condición de las mujeres de su época. De hecho, rechaza casarse con su primo Lu, juega al go, un juego reservado a los hombres, y se muestra escandalizada por el destino reservado a su hermana, a su madre y a su amiga Huong, todas casadas con hombres a los que no quieren. Además, no le interesan las futilidades que atraen a las jóvenes de su edad.

La descripción física de Canto Nocturno aparece muy tarde, cuando se encuentra con el soldado japonés: «su frente es ancha, sus ojos rasgados como dos hojas de sauce delicadamente dibujadas» (Shan 2009, 46). Presenta una apariencia andrógina («pecho plano y cabellos peinados en dos trenzas, lleva en sí la ambigüedad de la adolescencia, que convierte a las muchachas en chicos travestidos», *ib.*). En cuanto a su nombre, solo se revela al final de la novela.

EL SOLDADO JAPONÉS

Este joven de 24 años procede de Tokio. Traumatizado por el seísmo que azotó Tokio en 1923, durante el que su padre falleció, está muy unido a su familia y es el hijo mayor. Sin embargo, debe abandonarla para defender el honor de su patria, lo que le hace dividirse entre el orgullo y la culpa: «Un soldado es aquel que asesina la felicidad de los suyos» (Shan 2009, 18). La muerte es, precisamente, una de las principales preocupaciones del soldado, también movido por la preocupación de preservar el honor de su familia y de su patria.

El joven se debate entre dos culturas, dualidad de la que poco a poco se hace consciente. De hecho, está por una parte henchido de patriotismo y demuestra un odio tenaz hacia los terroristas chinos, pero, por otra parte, está secretamente fascinado por un pueblo cuya lengua y cuyas costumbres aprendió con su nodriza manchú, que supo consolar sus penas.

El soldado japonés no tiene nombre: no es más que un desconocido a ojos de la jugadora de go. Además, no se hace ninguna descripción física de él. A esta ausencia de imagen se le añade el camuflaje: en realidad, el soldado se disfraza para poder jugar con los chinos.

CLAVES DE LECTURA

UNA NOVELA DE APRENDIZAJE

La jugadora de go es el relato del recorrido de aprendizaje de dos personajes: Canto Nocturno y el soldado japonés. Invitado a un momento clave de sus vidas, el lector será testigo de la evolución de ambos.

La novela de aprendizaje o novela de formación (término oficial en alemán: *Bildungsroman*) es un género literario del romanticismo que nació en Alemania a finales del siglo XVIII. La temática es el desarrollo de un personaje sin experiencia que se transforma y forja una identidad a lo largo de las páginas. El protagonista, confrontado a sentimientos fuertes y formativos (la muerte, el amor, la traición) forma parte de la transformación de su vida.

La jugadora de go es una estudiante de instituto que al lector le parece joven, burlona, irascible y caprichosa. De hecho, solo le interesa el juego de go, se burla de su primo Lu, que quiere casarse con ella, y se niega a crecer («Desea que me reúna con él en el mundo de los adultos, ignorando que este mundo, triste y vanidoso, me aterroriza», Shan 2009, 11).

Todo cambia cuando conoce a Min y a Jing, dos estudiantes revolucionarios. A su lado, descubre las relaciones amorosas y el compromiso político. No obstante, también se enfrenta a la muerte –conoce a Min y a Jing el día en que el alcalde es asesinado y sus relaciones se acaban con la sentencia de Min– y a la traición (de Min, que se ha casado con Tang en la cárcel, pero también de Jing, que ha denunciado a sus amigos). Enfrentada a estos acontecimientos, la joven evoluciona y se convierte en una persona adulta.

Por su parte, el soldado japonés se le presenta al lector como un patriota apasionado, soldado por vocación. Frío y henchido de odio hacia los chinos, se revela sin embargo experto en lengua y literatura chinas, y confesará que fue consolado por su nodriza manchú cuando la educación japonesa que recibía le parecía demasiado estricta.

Su aprendizaje comienza cuando conoce a la jugadora de go: llega incluso a disfrazarse, una metamorfosis física que es símbolo de un cambio de carácter. Se enamora del enemigo e, incluso si lucha, confiesa que «pierd[e] [sus] puntos de orientación» (Shan 2009, 58): «Me he convertido casi en un hombre libre que ignora el compromiso militar» (*ib.*). Finalmente, deja de luchar contra sus sentimientos.

EL JUEGO DEL AMOR

La jugadora de go es también una novela de amor, pero de un amor particular, puesto que está guiado por el juego. De hecho, el juego de go se sitúa en el centro de la novela y se convierte en el espacio de amor de Canto Nocturno.

Desde el principio de la obra, la joven se juega su matrimonio a una partida con su primo Lu: «Si ganas, acepto todas tus proposiciones. Si pierdes, no volveremos a vernos» (Shan 2009, 7). Ella gana la partida, y la consecuencia es inmediata: «A la mañana siguiente, me informan de su partida» (Shan 2009, 9).

El juego también le permite poner en práctica sus estrategias amorosas. Encerrada junto a Min y a Jing en un triángulo amoroso, se imagina una posible maniobra: «En semejante situación, en el juego de go, se opta por una tercera solución: atacar al adversario donde menos lo espera. Mañana, cuando Min venga a buscarme a la plaza de los Mil Vientos, fingiré no verle» (Shan 2009, 49).

Su amante, Min, considera que los juegos son inútiles a pesar de que el juego de go se sitúa en una posición central en la vida de la joven. Esto hará que la joven diga más adelante: «Por otra parte, nunca le amé [...]. Ahora he comprendido que era sólo vanidad [...], la vanidad de hacerme mujer» (Shan 2009, 89).

El juego de go le permite conocer al soldado japonés. Se enamoran durante una partida interminable. A pesar de la adversidad, el juego de go autoriza el amor, puesto que el alma se ve reflejada en él: «No conozco nada de él, salvo su alma» (Shan 2009, 89). No hay amor sin juego ni juego sin amor: «Puesto que la he probado con primo Lu, Min y Jing, conozco mi arma» (Shan 2009, 45).

EL JUEGO DE LA GUERRA

La jugadora de go es también un relato de guerra que narra el enfrentamiento entre chinos y japoneses entre 1937 y 1945. Este conflicto se ve asimismo simbolizado por el juego. De hecho, el campo léxico del juego de go se entremezcla con el de la guerra: «nuestros soldados», «zonas en los márgenes», «la ocupación de los lugares estratégicos», «la conquista del centro», «mi adversario» (Shan 2009, 51).

Además, en torno a una partida de go, se enfrentan un soldado japonés y una joven china: para su desgracia, repiten de esta forma la guerra que enfrenta a sus pueblos. Ambos son conscientes de que se están librando una batalla, y comprenden que no se trata de un juego: «El go es sólo un camuflaje: en esta plaza, con el pretexto de jugar a la guerra, nuestros enemigos preparan sus retorcidas añagazas» (Shan 2009, 44), afirma el capitán Nakamura.

Por último, el juego de go es también la ocasión que tienen los dos protagonistas de librar una batalla que es la suya propia. La única jugadora de go de la plaza de los Mil Vientos, Canto Nocturno, lleva a cabo, al jugar, un combate simbólico contra las condiciones de las mujeres de su época en China. Por su parte, el joven japonés sabe que, como soldado, no vale nada, al igual que los peones que manipula en el juego:

> «Ser destinado a China me ha permitido comprender la grandeza y la miseria del soldado. Conducido por la orden, se desplaza ignorando la dirección y el sentido de su marcha. Una ficha entre otras. Vive y muere, anónimo, por la victoria del Todo. El go me transforma en estado mayor que maneja a sus hombres con frialdad. Las fichas avanzan. Muchas están condenadas a perecer rodeadas, en beneficio de una estrategia» (Shan 2009, 58).

PISTAS PARA LA REFLEXIÓN

ALGUNAS PREGUNTAS PARA PROFUNDIZAR EN SU REFLEXIÓN...

- Basándose en la obra y su estructura, ¿calificaría la relación entre la jugadora y el soldado de duelo o de dúo?
- Desde un punto de vista histórico, ¿de qué forma es *La jugadora de go* una novela interesante?
- Estudie los personajes femeninos de la obra. ¿De qué manera revelan la cultura china y japonesa de la época?
- Según usted, ¿por qué no se revela el nombre de la joven hasta el final de la novela?
- Estudie los lazos de amor y de traición existentes en la obra.
- ¿Le otorga siempre Shan Sa un lugar a la poesía en *La jugadora de go*?
- Extraiga de la obra los indicios de dualidad del personaje del soldado japonés.
- ¿Cómo explicaría usted la importancia que se le otorga al silencio en la novela?

¡Su opinión nos interesa!
¡Deje un comentario en la página web de su librería en línea,
y comparta sus favoritos en las redes sociales!

PARA IR MÁS ALLÁ

EDICIÓN DE REFERENCIA

- Shan, Sa. 2003. *La jugadora de go*. Traducción de Manuel Serrat Crespo. Barcelona: Editorial Planeta.

ResumenExpress.com